Manual de Bolsillo del Escolta

Rafael Darío Sosa González

CONTENIDO

ORGANIZACIÓN

EL ESCOLTA

a.   Guardaespaldas

Persona armada que acompaña, protege defiende a quien lo ha contratado

Con su propio cuerpo o utilizando armas.

Escolta

Empleado de una empresa de vigilancia cuya labor es dar protección a personas naturales, a vehículos, mercancías y valores durante sus desplazamientos.

Escolta personal

Es el encargado de evitar, neutralizar o eliminar, las oportunidades de que secuestren, asesinen, golpeen, ataquen u hostiguen a la persona protegida, hasta donde las circunstancias lo permitan, ya que la protección absoluta no se puede brindar y menos en la actual situación.

FUNCIONES DE LOS ESCOLTAS

- <Dar protección a personas y a los bienes que le asignan bajo su cuidado, en áreas fijas o en los desplazamientos.

- Conocer las armas y el correcto funcionamiento de las mismas.

- Conocer los deberes de la profesión y de su cargo la ética.
- Informar a tiempo alguna enfermedad o emergencia que le impida cumplir sus deberes o llegar a tiempo a su lugar de trabajo.
- Mantenerse en estado de alerta, no confiarse de nada.
- Nunca abandone su puesto, sin previa autorización.
- No coma o beba cuando se encuentra en servicio, no se distraiga.
- No hable innecesariamente con el público o extraños.
- No escuche radio / televisión mientras se encuentran de servicio.
- No se duerma durante su jornada de trabajo.
- No suministre información de la empresa o de la persona protegida. Saber callar es guardar el secreto.
- No revele planes o información relacionados con la seguridad de la persona protegida. B
- No haga asuntos particulares durante su período de servicio ya que así descuida su misión.
- No haga ostentación de su cargo, sea discreto, Así disminuye el riesgo.
- Capacítese permanentemente, mantenga el

estado físico y anímico en las mejores condiciones.

- Maneje toda la información con prudencia y reserva.

- Respete la Ley, el orden y la moral ciudadana.

- Sea leal con sus jefes, superiores y compañeros.

- No beba licor, ni consuma drogas psicotrópicas que le impidan estar lúcido para prestar un buen servicio.

- Sea pulcro en el vestir y en su vivir.

- Gánese la amistad, el cariño y la colaboración de la gente.

- Si lo dotan de un vehículo, manténgalo en perfectas condiciones de funcionamiento. Revíselo permanente, no lo deje abandonado ni siquiera por un instante.

- Saber buscar información, sospechar con fundamento, detectar los riesgos y tomar las medidas necesarias para neutralizarlos.

- Conocer el empleo y operación de los medios de comunicación, teléfono, radio. Transmitir los mensajes en forma clara y concisa y de manera oportuna.

- Mutua comprensión y una buena relación con el personaje, así la seguridad será más eficaz y se podrá coordinar mejor.

Por aquí, Señor

Estamos de acuerdo

2

ETICA Y RELACIONES HUMANAS

EL HECHO MORAL Y LOS SISTEMAS ETICOS

LA MORALIDAD COMO FENOMENO SOCIAL

Referente a este tema de la moral como un fenómeno social queremos   presentar tres ideas principales que son:

El lenguaje moral

La utilización social de la moral

Lo universal del hecho moral, enfatizando su principal concepción.

LENGUAJE MORAL

La terminología moral es muy alta, entre muchos de sus términos tenemos. Moral e inmoral. Licito e ilícito, permitido y prohibido, honesto y deshonesto, ético y no ético, justo e injusto. A las positivas se le denominan virtudes y a las negativas vicios.

Estas dos citas nos enmarcan en la concepción de la moral que nos indican como hay una clasificación de valores a los actos humanos que originan una terminología sobre temas

LA UTILIDAD SOCIAL DE LA MORAL

La sociedad se vale de diferentes instituciones para mantener y reproducir sus patrones morales como: la familia, la escuela, el gobierno, la religión, los medios masivos de comunicación.

La vida en sociedad necesita de normas que aseguren la paz y el orden entre los individuo que la forman para que los intereses particulares no atenten contra los intereses comunes.

Durante toda la existencia humana en cualquier sistema social que aglutine y organice al hombre en sociedad, se hace necesaria la implantación de un orden moral con unos patrones de comportamiento que den garantía y eleven a la vida humana a un estado de perfección. Estos principios entre muchos obedecen a nobles ideales o a derechos tales como respeto por el otro, a la educación, a la verdad, a la justicia.

Todos estos principios permiten al hombre vivir en sociedad, pero no se puede desconocer la existencia de intereses particulares como lo ha mostrado la historia por parte de las clases dominantes de turno que establecen y orientan un orden moral, que consiste en burlar las normas morales siempre que sea posible.

LO UNIVERSAL DEL HECHO MORAL

Lo que sucede con el lenguaje es que moral y moralidad

han pasado a ser sinónimo de rectitud moral y por consiguiente moral e inmoralidad sinónimos de falta de rectitud.

El ser mismo del hombre aparece desraizado al fenómeno moral, pero las diferencias entre los pueblos y los individuos mismos determinan un relativismo moral de hecho, lo que es bueno para uno puede resultar malo para el otro y lo que es considerado bueno hoy no lo ha sido siempre.

DEFINICION DE MORAL Y ETICA

La moral es un conjunto de normas o reglas de comportamiento que establecen una distinción entre lo bueno y lo malo como criterio de perfección humana.

La ética es la teoría o ciencia que hace un estudio sistemático de la moral, para definirla y estructurarla como "Regla de Convivencia Humana".

Las normas o reglas de comportamiento que distinguen a los actos humanas que valoran su intención en la medida de su importancia para alcanzar un estado de perfección humana y de realización total, son los valores y principios fundamentales como el amor, la justicia, la verdad, y además las formas de convivencia o costumbres que permiten diferenciar lo bueno y lo malo de los comportamientos humanos, encaminados todos a servir al hombre para su total realización en búsqueda de su perfección.

PRINCIPALES TIPOS DE ETICA

Son muchos los diferentes estudios éticos elaborados por filósofos y estudiosos de todos los tiempos que soporta a una determinada teoría de la moralidad.

Cada sistema ético se acerca a la verdad en aquellos elementos de la realidad moral que privilegia y cuyo dinamismo de perfección es testimoniado por la historia.

A todos esos elementos valederos de cada realidad moral en cada una de las éticas seguidamente esbozadas muy resumidamente, son los que debemos apropiar en aras de una búsqueda incesante de perfección y desarrollo humano pues en cada corriente ética con un objetivo de excelencia busca dar elementos de valor al hombre para alcanzar su realización ya que en tan variadas actitudes que defienden como medios de alcanzar los fines y metas últimos de realización y perfección. Hay diversidad de ideologías ya que en algunas defienden criterios como la felicidad, la virtud, el poder. Como las razones a fines últimos de cada una de sus concepciones éticas.

VALORES

Los valores son conceptos, elaboraciones mentales, para identificar y expresar cualidades propias de los seres vivos.

Valor es la conceptualización de una relación de sentido positivo existente entre las cosas y algún campo de realización humana.

Aquí el desarrollo de un campo de interés humano, cobra sentido en la valoración de los actos que determina ese desarrollo en busca de un interés o satisfacción para el hombre como ideal de realización.

CARACTERISTICAS DE LOS VALORES

VARIACIONES DE LOS VALORES

Los valores cobran sentido, pierden y ganan vigencia dependiendo de muchas cosas como la cultura, la economía, la política. Son relativas al tiempo y al espacio.

POLARIDAD DE LOS VALORES

Los valores están estructurados en escalas de perfección, entre dos polos opuestos el positivo y el negativo.

El grado de valor que tiene una cualidad de sentido positivo de una cosa, con relación a un campo de realización del hombre es muy subjetivo, depende de la apreciación y del grado de función estimativa de una persona o sociedad.

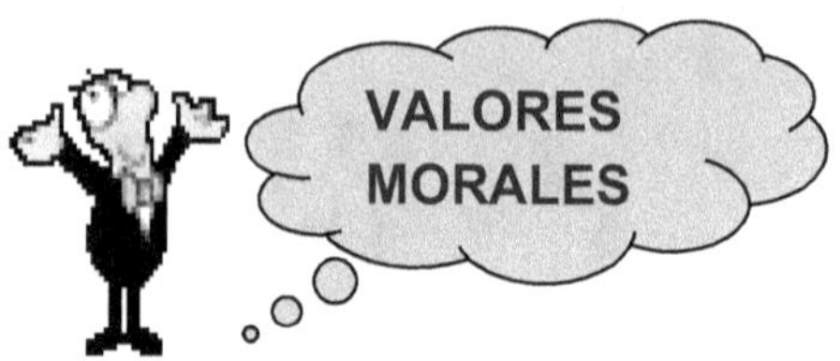

El valor moral como cualidad moral reside en la conducta del hombre

La conducta entendida como el conjunto de movimientos con que el

Hombre reacciona conscientemente frente a los estímulos del medio

En sentido que se siente preocupado por su perfección.

Los valores morales deben crear una conciencia del conocimiento orientado por la capacidad estimativa del hombre. La moral del hombre será liberada si es una guía que hace que nuestra conducta personalice en todos nuestros actos.

Todos los valores que orientan el desarrollo de un hombre integral o sea que en todos sus campos de realización son importantes en la medida que participen en dar su apoyo al valor moral fundamental que es la misma vida, es definida como el bien moral fundamental.

LA CONCIENCIA

El hombre posee conocimiento reflejo de sí mismo, como sujeto de sus propios actos. Vive a la vez como objeto y sujeto de sí mismo.

La conciencia identifica al individuo como dueño de sus actos como juicios de valor sobre la bondad o maldad de su comportamiento, aceptándolo o reprobándolo.

EL DEBER Y LA LEY

El mantenimiento de una orden, establecida impone necesariamente deberes a quienes lo conforman. Pero si tal orden no se asienta sobre un valor real aceptado, no engendra ningún valor moral. Únicamente, engendra un deber social o civil que se impone por la fuerza de quien ostenta el poder.

El deber nace como un valor que impone una conducta humana en ambas se conjuga la moral y la ética de las conductas, pero en último término es la conciencia la que emite el juicio moral sobre una conducta humana.

LA CONDUCTA MORAL

Los actos son el objeto de la ética en busca de expresar al hombre una conducta responsable.

Una vida humana responsable se asienta sobre una opción fundamental todas mis actitudes y mis actos cobran pleno sentido cuando estén definidas por un fin determinado.

ACTOS HUMANOS

ACTITUDES

Formas estables de comportarse frente a objetos o campos de realidad. Es una forma permanente de reaccionar contra algo. Es una disposición habitual. Estas acciones siguen los instintos o rasgos temperamentales innatos.

COMPROMISOS

El compromiso es el que capta la verdadera moralidad de las conductas, porque en él se dan valores, opciones y aptitudes.

La conciencia moral es una conducta enriquecedora, cuando está sustentada por el sentido del compromiso.

ACTOS

Son expresiones de nuestra vitalidad. Nos expresamos a través de ellos. Un acto puede ser fruto de una opción de un compromiso.

SITUACION

En el modo estoy anclado en el mundo, corresponde a un sinnúmero de modalidades correspondientes a las interrelaciones mantenidas con el mundo.

Mis opciones, actitudes y compromisos, dependen en gran parte de mi situación y por ello es que mi conducta está condicionada por mi situación general.

3

ORGANIZACIÓN EQUIPOS DE ESCOLTA

LA ORGANIZACIÓN

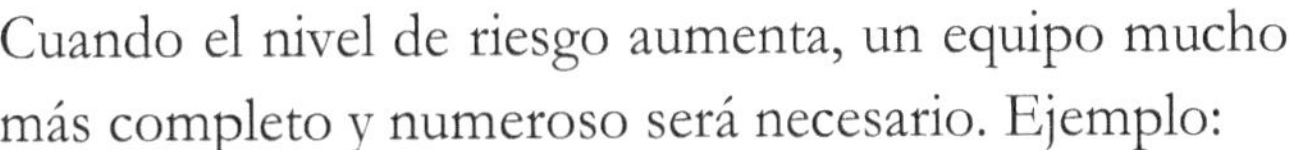

En la distribución adecuada del personal y los medios, para alcanzar un objetivo o la misión encomendada.

Para proteger a una persona se requiere un equipo de seguridad.

Para una persona con nivel de riesgo normal el número necesario es:

Un (1) escolta

Un (1) conductor debidamente entrenado

Cuando el nivel de riesgo aumenta, un equipo mucho más completo y numeroso será necesario. Ejemplo:

Un Jefe de Seguridad personal (1)

Un equipo de Escoltas (3)

Un equipo de cubrimiento (2)

Un equipo de Inteligencia (2)

Dos conductores (2)

También se necesitará personal de seguridad física para cubrir la residencia y el sitio de trabajo de la persona protegida.

Organización de Grupos

Grupo de Seguridad o protección

Debe tener como mínimo cuatro (4) integrantes que permanecen con el personaje para suministrarle protección durante sus movimientos. Uno será el conductor, otro será el jefe del grupo de escoltas y el jefe de seguridad próximo al personaje y sus acompañantes del vehículo escolta que forman círculos de seguridad alrededor del dignatario.

GRUPO DE INTELIGENCIA

Durante los períodos en que no hay movimiento, el grupo de seguridad debe compartir la responsabilidad adicional de conseguir y analizar datos de información para hacer inteligencia preparar futuros planes y movimientos para comunicárselos al jefe o Departamento de Seguridad de la Empresa, sobre lugares que visitarán, rutas, personal que debe ubicarse en lugares claves, mantener enlaces con los organismos enterado al grupo de seguridad.

Preparar planes de contingencia ante cualquier emergencia, verificar la efectividad del sistema de seguridad adoptado y verificar si se está cumpliendo de acuerdo al objetivo.

DOTACION DE LOS MEDIOS

Vehículos de transporte de personal blindado

Armas (revólveres, pistolas, ametralladoras)

Uniformes distintivos

Sistemas de alarmas móviles

Equipo contra incendio

Sistemas de iluminación

Binoculares

Chalecos antibalas

Cámara fotográfica

Planos de la ciudad y de las vías

Libretas de notas. Números de teléfonos de emergencia

Permisos de porte de las armas

Documentos de los vehículos al día

Código de claves

Dinero para gastos extras

PROCEDIMIENTO DE ESCOLTAS

Mantener una constante preparación y entrenamiento es sin duda la mejor manera de sobrevivir y la mejor respuesta a la amenaza de la inseguridad.
El grupo de escoltas debe estar en capacidad de

neutralizar cualquier intento de atentado o ataque al personaje mercancía o vehículo que se está protegiendo.

Observar y cumplir con las normas establecidas en el plan de seguridad así como las funciones específicas de cada uno de los escoltas.

Mantener una fuerza o equipo de reacción, de nada sirve impartir una serie de normas de seguridad si realmente no existe una fuerza de reacción que impide que se atente contra las personas o bienes que se están protegiendo.

Mantener un sistema de alerta, que permita a la fuerza de seguridad reaccionar a tiempo y preparar una respuesta eficaz en el menor tiempo posible para recuperar la normalidad.

Correcto empleo y operación de los equipos que se hayan asignado. Alarmas C.C.T.V. Cámaras, Censores, Radios, Binoculares, Vehículos, Motos, etc.

RECUERDEN LA EFECTIVIDAD DE LOS MEDIOS O NORMAS DE SEGURIDAD QUE SE ADOPTEN DEPENDE DE ÑAS PERSONAS QUE LOS OPERAN O LAS PONEN EN PRÁCTICA

El escolta debe anticiparse pro activo a los hechos mediante la prevención, la vigilancia, el estado de alerta permanente para no dejarse sorprender muchos han muerto sin tener tiempo siquiera de sacar su arma de la funda.

El escolta debe estar pendiente hasta de los más mínimos detalles, que puedan poner en peligro la vida de la persona por proteger. Desde las condiciones de la carretera, calles y rutas de desplazamiento hasta las amenazas directas de guerrilla o delincuencia común, terroristas, delincuencia común organizada.

Actuar como un equipo, como un grupo coordinando y no cada uno por su cuenta o individualmente. Cada cual tiene una misión específica que cumplir. Uno será el encargado de conducir el vehículo, otro el encargado de vigilar y observar.

No dejar nada al azar, todo movimiento debe estar bien calculado, planeado y coordinado. Debe existir una estrecha comunicación entre todos los que conformen el grupo de protección y seguridad del personaje.

Elaborar una lista de verificación de cada uno de los lugares o sitios por visitar, para evitar omitir detalles (ruta principal, vía aérea, hotel, aeropuerto, club).

En situaciones donde el riesgo o la amenaza son grandes se deben colocar unos circuitos concéntricos de protección alrededor del personaje llamados circuitos de seguridad: interior o exterior, partiendo del personaje hacia fuera, para ofrecer obstáculos cada vez más fuertes y difíciles, que le impidan acercarse al posible atacante. Estos circuitos pueden ser fijos o móviles.   (Desplazarse con el personaje).

El círculo exterior es el encargado de identificar a las personas que traten de acercarse o penetrar. Además sirve como barrera que impide el paso de personas sospechosas y no autorizadas.   También es el encargado de transmitir señales o alarmas en caso de peligro o amenaza con el fin de reforzar la seguridad, neutralizar el ataque hasta movilizar al personaje a un lugar seguro o mientras llega el   apoyo de las autoridades o grupos de reserva.

La función del círculo interior es la de verificar aún más las personas que se les permitió entrar a esa zona, estar preparado   para poner en práctica   planes de contingencia en caso de riesgo inminente proteger y cubrir al personaje.

Ponga en práctica todas las medidas de seguridad que los conduzca a mantener la alerta, de esta manera disminuye el factor sorpresa.

Antes de cualquier desplazamiento obtenga información sobre la ruta, lugar por visitar planee y coordine todos los detalles.

Actúe con tacto y discreción de tal manera que no le vaya crear situaciones embarazosas u hostiles al personaje. La actuación de los escoltas debe ser firme pero cortés.

Mantenga su cuerpo de frente al posible peligro pero

protegido si es posible. Siempre permanezca de pie cuando personas extrañas o sospechosas estén presentes en el área de seguridad.

Si está solo por la noche use luces. No pasar por sectores oscuros donde podría ser atacado sin aviso.

Siempre compruebe que todo a su alrededor está correcto, no permita que lo tomen por sorpresa, seleccione el lugar donde hay menos posibilidades de ataque.

No sea rutinario varié o cambie de rutas, horas de llegada y salida eso dificulta el accionar del posible agresor.

Mientras sea posible, maneje por el centro del camino, así no será forzado a salirse y tendrá más espacio para maniobrar. En autopista use línea interior.

Ante situaciones de alto riesgo o en caso de ataque si hay varios escoltas, traten de no estar juntos porque una ráfaga o disparos a quemarropa los puede eliminar a todos.

En los puestos fijos los escoltas no deben estar al lado del personaje, sino a una distancia visual y de apoyo de fuego. No sentarse a almorzar en la misma mesa por ejemplo.

Las circunstancia en que deben actuar frente a un enemigo resuelto y en el momento menos esperado, deben tener sangre fría y un alto grado de decisión y una capacidad técnica a toda prueba.

El escolta debe tener presente que de su seguridad y rapidez para desenfundar el arma lo coloca en una posición ventajosa frente al criminal, por lo tanto debe familiarizarse con todas las modalidades de tiro, para salvar su vida y la del personaje protegido.

4

NORMAS LEGALES

ASPECTOS LEGALES EN EL CAMPO DE LA SEGURIDAD

OBJETIVO

- Hacer conocer al personal que labora en esta profesión los principales deberes y obligaciones que rigen la prestación de este servicio.

- Acatar la constitución, la ley y la ética profesional.

- Abstenerse de asumir conductas o actitudes reservadas a la fuerza pública.

- Actúe de manera que se fortalezca la confianza pública en los servicios que preste.

- Adoptar medidas de prevención y control apropiados y suficientes orientados a evitar que sus servicios puedan ser utilizados como instrumento para la realización de actos ilegales en cualquier forma, o para dar la apariencia de legalidad a actividades delictivas o prestar servicios a delincuentes.

- Mantener altos niveles de eficiencia técnica y profesional para atender sus obligaciones.

- Contribuir a la prevención del delito en colaboración con las autoridades.

- Observar el cumplimiento de las normas legales y procedimientos establecidos por el gobierno nacional.
- Utilizar los equipos y elementos utilizados únicamente para los fines previstos.
- Asumir actividades disuasivas o de alerta en los lugares donde estén prestando sus servicios, dando aviso inmediato a las autoridades competentes.
- El personal de escoltas que tenga conocimiento de la comisión de un delito o de hechos punibles durante el servicio o fuera de él, deberá de informar de inmediato a la autoridad competente y prestar toda la colaboración que requieran las autoridades.
- Prestar apoyo cuando lo soliciten las autoridades, con el fin de atender un caso de calamidad pública.
- Mantener actualizados sus documentos, credenciales, licencia de conducción, seguros.
- Portar la credencial de identificación expedida por la Superintendencia de Vigilancia y seguridad privada.
- Salvaguardar la información confidencial que obtenga en desarrollo de sus actividades profesionales.
- Por ningún motivo abandonar el servicio contratado, sin previo aviso al usuario.

- No comprometerse en hechos que atenten contra las personas o los bienes que usted le brinda protección.
- Recibir capacitación técnica y la formación humana, de acuerdo en la modalidad de este servicio y el cargo que desempeña.
- Abstenerse de desarrollar actividades diferentes a las establecidas por la ley o utilizar elementos no autorizados.
- Solo podrán utilizar las armas de fuego catalogadas como de defensa personal.
- Evitar por todos los medios la pérdida o extravío de armas de dotación.
- La tenencia o porte de armas en lugares diferentes autorizados, serán causal de decomiso.

El personal que utilice armamento autorizado, deberá llevar consigo la credencial de identificación expedida por la autoridad competente y la fotocopia autentificada del permiso para porte o tenencia del arma.

Cualquier desafuero que cometan los escoltas contra la integridad de las personas, tendrán que responder por sus actos, sin tener ninguna consideración atenuante por ser escoltas.

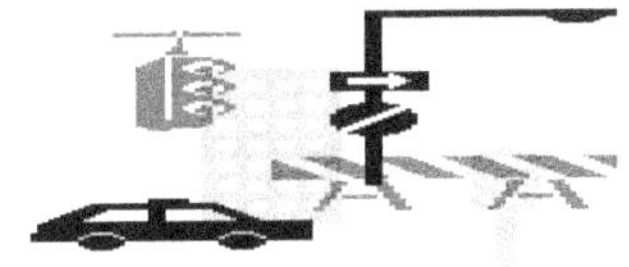

Cuando crucen un semáforo en rojo serán sancionados como cualquier persona que incurra en la infracción anteriormente mencionada

5

RELACIONES HUMANAS

La comunicación

EMISOR

MEDIO RECEPTOR

CONFIRMACION DE LA INFORMACION

**REQUISITOS PARA UNA
BUENA INFORMACIÓN**

- Atender activamente
- Presentación clara y
  oportuna del mensaje
- Ser concisos en el mensaje
- Ser veraz en la información
- Asumir actitud de diálogo
- Superhombre
- Relaciones del Hombre
- Mundo físico
- Necesidades del hombre
- Realización Personal
- Autoestima
- Identidad

- Relaciones Sociales
- Protección del ambiente
- Fisiológicas

> **EN NINGUN MOMENTO, NI EN NIGUNA CIRCUNSTANCIA ES MAS SANO, ODIARSE A SI MISMO, QUE AMARSE A SI MISMO**

Este mensaje tiene relación directa, con el autoconcepto y comprende las ideas referentes al valor personal, acompañándolo un sentimiento denominado **"AUTOESTIMA".** Afirmándose que las personas que tienen una alta "Autovaloración" fluyen espontáneamente la integridad, honestidad, responsabilidad y el amor en toda su extensión.

Los individuos con alta autoestima sienten que son importantes, tienen fe en la propia competencia y en la toma de decisiones y tienen mayor capacidad para enfrentar problemas.

Estos sentimientos positivos se generan en el ambiente de trabajo donde se tienen en cuenta las diferentes individualidades, se toleran los errores después de reconocerlos y donde la **COMUNICACIÓN,** sea abierta como número uno de las relaciones humanas

ASPECTOS QUE SE DEBEN TENER EN CUENTA PARA TENER UNA BUENA EVALUACION DEL TRABAJO DE VIGILANTE

ATENCION AL USUARIO

Orientación e información

Simpatía

Cultura

Paciencia

Disposición

COMPAÑERISMO

Integración

Comunicación

Lealtad

Colaboración

PUNTUALIDAD

Cumplir horarios y turnos

PRESENTACION PERSONAL

Llevar el uniforme completo y limpio

INCIATIVA

Dar sugerencias y recomendaciones

DINAMISMO Y ACTIVIDAD
Ejecución de tareas
Agilidad
Participación y apoyo en las actividades que programe la entidad.

SENTIDO DE PERTENENCIA

Cuidar bienes y activos
Manejo adecuado de elementos de trabajo
Hablar bien de la Institución
Amor al trabajo

DETALLES PARA AGRADAR E INFLUENCIAR EN LOS DEMAS

Haga que los demás se sientan importantes

Manifieste interés cuando la otra persona habla

Anime al otro a hablar de sí mismo, de sus intereses y de sus triunfos

Tribute respeto por las ideas de los demás

Elogie, sin ser extremista, las cualidades de los demás

No haga críticas ni comentarios destructivos

Sea positivo, colaborador, servicial

Procure el diálogo, no la imposición

Sea sincero, claro y conciso

Hable de manera llana y sencilla

Si se equivoca admítalo con naturalidad

Evite la discusión

Muestre siempre buen genio

Sonría con naturalidad

Recuerde el nombre de las personas

Sea un buen oyente

ACTITUD
Es la manera de comportarme

APTITUD
Son las capacidades que poseo
BUENAS PALABRAS
BUENOS MODALES
BUENA PRESENTACION

LA TECNICA
LA ADMINSITRAITVA
LAS RELACIONES
MOTIVOS PARA

DISPARAR UN ARMA

Causas justificables

Fuerza Justificables

Temor Justificable

CONDICIONES PARA EL USO DE ARMAS

Asaltante se encuentra armado
Condiciones de grave daño
Asaltante cometiendo delito

6

PROCEDIMIENTOS A PIE

PROCEDIMIENTOS DE LOS ESCOLTAS A PIE

SEÑALES VERBALES ENTRE LOS ESCOLTAS

Los escoltas deben tener un sistema de comunicación verbal el cual alerte a aquellos que no estén directamente en el paso del atacante.

Estas señales verbales deben ser lo más breves posibles, sin sacrificar la calidad. Sin señales los escoltas no envueltos directamente en el bloqueo de la amenaza no estarán seguros de hacia donde tienen que mover a la persona protegida.

Un método efectivo de señales verbales, consiste en simplemente en identificar el arma y su dirección y el ángulo en relación con la persona protegida. El sistema de reloj como medio de identificar el ángulo es recomendable, dada su simplicidad y claridad. Así la dirección hacía el frente es siempre hacía las 12:00. Las 9.00 sería al lado izquierdo y las 6:00 está exactamente detrás de él.

Ejemplo:

Hombre a las 3:00

Cámara a las 11:00

También se puede utilizar para los desplazamientos de los vehículos.

PROBLEMAS COMUNES CON LAS FUNCIONES DE ESCOLTA

La mayoría de estos problemas usualmente se relacionan directamente con la personalidad de la persona protegida: la personalidad de la persona protegida: la imagen que el desea proyectar al público y sus sentimientos personales respecto a la seguridad en general. El escolta no tiene otra cosa que hacer. Sino "Acatar los deseos de la persona a proteger" "Evite crear hostilidad o situaciones embarazosas" Que no quiere que nadie camine delante de él. En este caso los escoltas tienen que colocarse y proveerle protección desde esas peticiones.

El personaje no quiere personal de protección visible, pero sin embargo, desea ser protegido. Los escoltas deben asumir su protección desde lejos y tratar de mezclarse con otras personas caminando por la acera a una distancia de 5 a 15 metros.

Si el personaje camina dentro de un grupo de personas los escoltas deben tratar de mantener un área relativamente limpia alrededor de él y mantener su posición. La acción de los escoltas debe ser firme pero cortés.

Si le pide el personaje a un escolta que le consiga una revista, el periódico, este le tiene que decir cortésmente que no puede dejar su posición para ir a buscar lo que desea, pero que tan pronto como le sea posible mandará a otra persona a buscarlo.

A los escoltas se les puede dar un objeto en contacto con el público. Ejemplo: las llaves, el lapicero, el escolta no se puede detener a recogerlo por que rompe el círculo de seguridad alrededor del personaje, abandonando su posición.

PROTECION DURANTE LOS MOVIMIENTOS A PIE

Se utilizará la protección de doble circuito cuando el personaje este caminando. (Siempre que le sea posible). El circuito de protección exterior chequea a todo el personal que trate de lograr el acceso alrededor del personaje. El circuito interior brinda mayor chequeo y limita a aquellas personas las cuales deben consultar o servir al personaje.

Cuando no hay suficiente persona para proteger al personaje, se debe emplear un sistema de cubierta de protección temporal mediante círculo s más reducidos por cortos períodos de tiempos (3 minutos). Al final la cubierta se disuelve y se vuelve a tomar las posiciones normales.

Si el personaje va a entrar a un hotel deben tomarse consideraciones especiales para tratar de que entre el ascensor desde el garaje en vez de hacerlo a través del lobby del mismo.

USO DE LAS ESCALERAS

Cuando el personaje tenga que utilizar las escaleras de tipo circular o cuadrado los escoltas deben indicarle que camino por el lado más próximo a la pared, así disminuye la vulnerabilidad desde arriba o desde abajo.

RESTAURANTES

Si el personaje va a comer a un restaurante el lugar donde va a sentare debe chequearse con anterioridad. La mesa del personaje debe estar cerca de la salida de emergencia y debe ser protegido por el personal de seguridad.

Se debe evitar la mesa ubicada en un lugar que requiera que el personaje atraviesa todo el restaurante para poder sentarse. Ubicar al personaje en un sitio fuera de la vista del público, puede ser un cuarto área separada, hablando con el dueño del restaurante.

CAMINANDO POR LAS CALLES

Si al personaje le gusta caminar con regularidad, la selección de la ruta y hora se debe variar día a día, para que no se vuelva rutina.

Se debe prever personal de protección extra para que acompañe al personaje y a su escolta. Estos deben asumir las posiciones de los blancos y retaguardias a una distancia de 5 a 8 metros de distancia. El personal extra debe ir delante del personaje a una distancia de 15 a 20 metros.

El grupo de protección debe caminar paralelamente al personaje por la acera del frente, para chequear techos, ventanas de edificios.

Un vehículo de escolta debe estar siempre en la cercanía mientras el personaje se encuentre caminando. El vehículo debe ser utilizado para realizar acciones de bloqueo o en el evento de un ataque sacar rápidamente al personaje a ½ cuadra, detrás. El personal de protección que va dentro del vehículo debe actuar como una fuerza protectora de reserva.

ACTIVIDADES DEPORTIVAS

Si el personaje va a una acto deportivo debe sentarse en las partes altas en vez de hacerlo en las bajas.

Llegar al evento después de comenzado el mismo, para evitar el contacto con el público y salir antes y después que los otros espectadores.

Si está practicando el golf, tenis, el personal de protección debe desarrollar los círculos de protección alrededor del área donde lo practique.

El personal de protección debe desarrollar los círculos de protección alrededor del área donde lo practique.

El personal de protección debe inspeccionar estas

áreas antes de que llegue el personaje. Este grupo debe además tomar posiciones avanzadas en todo el campo deportivo y utilizar alguna prende que los ayude a ser reconocidos. Ejemplo: gorras, camisas, sombreros.

VISITA A LUGARES PUBLICOS Y PRIVADOS

Los riesgos varían de acuerdo con la regularidad del personaje los visite, el conocimiento que tenga al público de estas visitas y el grado de exposición de su persona al público.

De acuerdo al sitio que visite, las medidas de seguridad física variarán pero de todas maneras se debe lograr el mismo nivel de protección para evitar un atentado.

Todos los lugares de este tipo deben ser inspeccionados por el grupo de seguridad con anterioridad a la visita.

VISITA A RESIDENCIAS PRIVADAS

Casi todas las residencias privadas que el personaje visitará pertenecen a familiares cercanos, personal de gobierno o socios comerciales, cuya confiabilidad debe asumirse o está basada en la determinación del personaje.

Sobre los otros invitados es importante obtener información con suficiente anticipación a la visita para preguntar, investigar y determinar su confiabilidad.

Los sirvientes de los lugares donde visite el personaje, deben ser objeto del mismo grado de investigación y control de seguridad.

UTILIZACION DE CIRCULOS IMAGINARIOS

Trazados, tomando como centro a la persona protegida. Este sistema sirve para indicar las posiciones que deben ocupar los escoltas 1, 2,3, o 4.

El norte siempre será la dirección de la marcha.

Los círculos indican la proximidad o lejanía de los escoltas, los cuadrantes de las posiciones de cada uno de ellos.

ZONAS VERTICALES DE OBSERVACION

La amenaza puede estar ubicada en cualquier lugar, de ahí la necesidad de asignar zona de vigilancia. Sin embargo, toda escolta debe acostumbrarse a conservar en todas direcciones, sin olvidar las partes elevadas y las partes de bajo nivel.

Zonas altas – Techos ventanas, terrazas, campanarios, árboles.

Zonas a nivel – Todo lo que está a la altura de la persona protegida.

Zonas bajas – Subterráneos, cauces de ríos, alcantarillas, sótanos.

SISTEMA DE RELOJ

Es muy fácil comprender y de practicar y bastante efectivo para signar tareas de vigilante. En el centro estará el personaje a proteger.

FORMACIONES
Existen muchas clases de formaciones para la protección de personas, dependiendo del número de escoltas con que se cuente.

FORMACIÓN SENCILLA
Consta de la persona protegida y un escolta que debe mantenerse a espalda del personaje.

FORMACION DOBLE SENCILLA

Se utiliza cuando la amenaza se halla al frente o cuando se va a ingresar a algún sitio.

FORMACION EN CUÑA

Cuando el personaje se dirige hacia donde se localiza un grupo de personas

FORMACION EN DIAMANTE

Es muy difícil, útil y segura por todos los costados.

FORMACION DE CUÑA REFORZADA

Se utiliza cuando la amenaza se halla al frene o cuando se va ingresar a algún sitio

FORMACION EN V REFORZADA

Se utiliza cuando la persona se aleja de un sitio o cuando la amenaza está atrás.

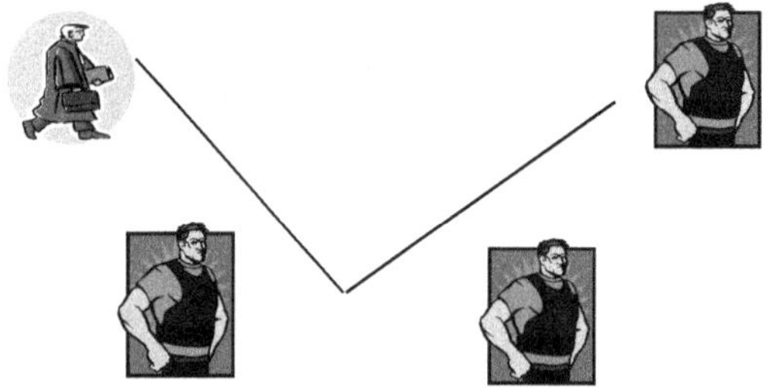

FORMACIONES LATERALES IZQUIERDA DERECHA

Se utiliza cuando la persona protegida transite por una acera.

La finalidad de cualquier formación es la de lograr un cubrimiento en todas las direcciones, descubrir la amenaza en forma oportuna y disponer de una capacidad de reacción inmediata.

FORMACION AREAS DE RESPONSABILIDAD

E. COLA   LIDER DE EQUIPO   PUNTERO

7

PROCEDIMIENTOS EN VEHICULOS

AVANZADA -MOTO- PRINCIPAL/ PROTEGIDO-E. COLA - RESERVA

OBJETIVO

Como la actividad de protección de personas se desarrolla en la calle, es imprescindible tratar el tema de los vehículos.

El vehículo de la persona protegida debe contar con algunas características como:

No ser notado

Que no llame la atención

Cómodo

Potente

Dotado con sistema de radio comunicación, y equipo especial de aire acondicionado.

Los personajes de alto riesgo deben tener vehículo blindado para aumentar su protección y este debe ir acompañado por otro u otros vehículos

Los vehículos deben tener asignados unos excelentes conductores especializados en conducción defensiva y que conozca la operación de los equipos con que está dotado el vehículo.

La función del equipo de escolta no se reduce a los

desplazamientos solamente, sino que tiene que ver con la verificación de cualquier inicio de amenaza en el vecindario de la residencia o de la oficina de la persona protegida.

Los escoltas deben mantener en los desplazamientos una barrera permanente entre el vehículo de la persona protegida y el vehículo que trate de aproximarse o sobre pasarlo, por lo tanto deben poner en práctica algunas medidas defensivas en la ruta.

Para efectos académicos y de comprensión llamaremos al vehículo de la persona protegida el vehículo "P" al de la escolta el vehículo "E" y a los dudosos "N" o los que puedan constituirse en amenaza.

MEDIDAS DEFENSIVAS

El vehículo "P" debe ser blindado si la persona tiene perfil de alto riesgo, para incrementar la protección de manera considerable; sin embargo el vehículo blindado no es una caja fuerte e indestructible, ya que ante una carga explosiva o ante el impacto de un lanza cohetes, todo se puede romper.

El blindaje de los vidrios no es 100% efectiva, ya que ante el disparo de un fusil nada se puede hacer. Con la ráfaga de una ametralladora sobre un mismo punto, al noveno disparo aparece el foramen. Por lo tanto el vehículo blindado debe ir acompañado por otro u otros vehículos.

Los conductores deben ser bien entrenados y estar capacitados para operar los equipos que han sido instalados en los vehículos o que está dotado el vehículo.

El vehículo "P" debe viajar, la persona protegida, el conductor y una escolta.

En el vehículo "E" deben viajar el conductor entrenado en conducción defensiva, los escoltas E1, E2 Y E3, siendo el E1 el eje de escolta.

Para el equipo de escoltas todo vehículo que transite delante, detrás o a los costados del vehículo debe ser considerado como un vehículo amenaza "A" por lo tanto se debe mantener un estado de alerta permanente, no solo en las calles y avenidas, sino los que se hallen en los parqueaderos y aquellos que despierten sospechas cuando estén relacionados más cerca de la residencia o a los alrededores de la oficina o sitio de trabajo.

ACCION ANTE SEGUIMIENTOS

Cuando se ha comprobado que existe un seguimiento o que se encuentran siendo vigilados, la tarea principal del vehículo. "E" es la de mantenerse o interponerse a toda costa entre el vehículo "P" y el vehículo "A".

Si "A" trata de sobrepasar "E "Cubrirá a "P" manteniéndose siempre entre la amenaza y la persona protegida. Si "A" trata de pasar atrás "E" se colocará inmediatamente detrás de "P".

La idea general es mantener una persona entre el vehículo "P" y el vehículo "A"

PROTECCION DE LOS CARRILES

Cuando el vehículo del personaje va a entrar o a salir del tráfico vehicular   el vehículo escolta actuará bloqueando el tránsito de los otros vehículos, para permitir esa maniobra sin contra tiempos.

Al estacionar debe tener la precaución de dejar un espacio suficiente para cualquier maniobra posterior y utilizar convenientemente las luces direccionales.

Al efectuar un viraje o cambio de dirección el vehículo escolta cubrirá siempre la parte posterior extrema del vehículo del personaje.

ACCION FRENTE AL SEMAFORO O SEÑAL DE PARE

Al llegar a un semáforo en rojo, el vehículo "P" deberá ubicarse a conveniente distancia de la señal con el fin de mantener cierta libertad de acción. El vehículo "E" deberá proteger los carriles o colocarse detrás de "P" a una distancia que le permita maniobrar o salir del carril, pues en casa de que un vehículo "A" se haya situado a la izquierda de "P" y si llegara a percibir una amenaza cierta "E" tendrá la oportunidad de mover o golpear a "A" para eliminar la amenaza.

EL DESEMBARQUE DE LOS ESCOLTAS

Al llegar la persona a su destino o durante cualquier parada, los escoltas se bajan y forman un círculo alrededor antes de que este descienda del vehículo sin llamar la atención de los ocasionales transeúntes.

REVISION DEL VEHICULO

Funcionamiento del motor, Caja, Frenos, Luces, Limpiabrisas, llantas,

Batería, direccionales, niveles de aceite, agua, líquido de frenos, deben

Ser revisados diariamente por el conductor, antes de iniciar la jornada de

trabajo.

Además se debe revisar con mayor detenimiento el vehículo, el garaje y los alrededores en búsqueda de indicios o señales sospechosas de un ataque terrorista.

- Pisos del garaje, cajas y herramientas
- Tapa del tanque de gasolina
- Tapa del motor y baúl portamaletas
- Motor, conexiones extrañas
- Piso del vehículo
- Asientos delanteros y traseros
- Alambres, cables, residuos, cinta adhesiva, papeles de envoltura
- Switch de encendido

EQUIPO DEL VEHICULO ESCOLTA

Armas – salvoconductos -- municiones

Mapa de rutas

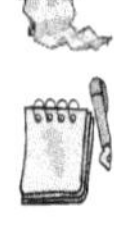

Libreta de notas, lapiceros

Directorio de teléfonos de emergencia:3R 3 Policía; Das

Reloj

Radioteléfono, códigos y claves

Distintivos, papeles personales

Dinero para gastos imprevistos- monedas
 para llamar
Botiquín de primeros auxilios

Extintor

Herramientas

8

RECONOCIMIENTO DE RUTAS

En el reconocimiento de rutas se debe tener en cuenta, los siguientes aspectos: La distancia que va a recorrer

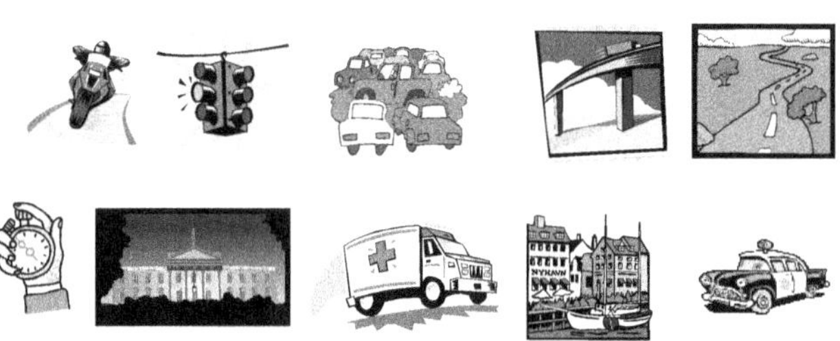

El tiempo requerido en el desplazamiento.

Registrar las direcciones detalladamente, empezando desde el punto de origen hasta el sitio de destino o llegada, con sus respectivos nombres de calles y carreras.

Número de cruces que tiene que atravesar

Carros parqueados o abandonados

Recolectores de basura ubicados en la ruta recipientes donde puedan ocultar explosivos

Volumen del tráfico

Posibilidad de ser herido por un tirador que se encuentre oculto.

Parques o bosques, arboledas en la ruta.

Ubicación de santuarios o sitios donde se pueda

conducir la persona protegida en busca de refugio en caso de peligro, ejemplo: estaciones o puestos de policía, cuarteles militares, cuerpo de bomberos, centros comerciales, parqueaderos protegidos.

Cuando la amenaza puede estar en cualquier lugar, los escoltas deben acostumbrarse a observar en todas direcciones, sin olvidar las partes elevadas a nivel, bajo nivel, en busca del más mínimo detalle.

Ubicación de teléfonos públicos en caso necesario

Ubicación de teléfonos públicos en caso necesario

Ubicación de clínica, hospitales en caso de que la persona sea herida, reciban atención médicas e debe siempre marcar en los planos de ruta.

Sitios estratégicos en la ruta; por su importancia, volumen de tráfico, número de transeúntes, alta `peligrosidad o vulnerabilidad o donde puedan realizar un atentado.

Establecer con antelación una ruta alterna que lo lleve al mismo destino o rutas de escape en caso de un atentado. "El éxito está en saber huir de un ataque y no enfrentarlos".

Ubicar casas, lotes desocupados o abandonados.

Llevar consigo un mapa o plano de la ciudad o sitio por donde se piense desplazar el personaje.

Diseñar y perfeccionar las rutas frecuentemente, cada vez que tenga que utilizarlas.

Recoger toda la información posible sobre el sitio que van a visitar, levantar mapas del lugar.

Analice cada una de las rutas y ubique claramente sobre ellas todos los puntos clave que usted pueda utilizar en caso de amenaza y también los puntos peligrosos que debe evitar.

No utilice siempre las rutas más cortas o más directas, de vez en cuando hay que alargar el recorrido para romper el patrón de la hora de llegada.

Evite las calles solitarias, vías estrechas, curvas muy cerradas y difíciles, pendientes empinadas, puentes estrechos, cruces muy demorados, sectores en construcciones, desvíos u obstáculos.

Asígnele un código o una clave a cada ruta para cuando tenga que mencionar por radio.

Tenga en cuenta que las avenidas rápidas con bastante tránsito, por lo general son las más seguras.

Toda ruta después de las 9:00 PM se torna peligrosa. De ser posible hágase acompañar de otro vehículo.

A pesar de las dificultades de tránsito, trate de conducir lo más rápido posible.

Si se encuentra un obstáculo en la vía, trate de eludirlo por la berma, por el andén, nunca vaya a cometer la torpeza de detenerse.

Manténgase **ALERTA**.

9

PLAN DE PROTECCIÓN DE PERSONAS

GENERALIDADES

Todos sin excepción estamos en la mira de la violencia y la delincuencia. Todos no importa la posición social, el tipo de trabajo la raza, el color política, lugar de residencia podemos ser víctimas de la situación de inseguridad. Estos nos obliga a estar prevenidos para no convertirnos en blanco de la delincuencia.

OBJETIVO

Hacer de la seguridad un hábito, que forma parte de nuestra vida, de nuestra familia y de nuestra empresa o negocio, para proteger sus vidas, su integridad personal y el patrimonio.

LA SEGURIDAD PERSONAL

La seguridad se origina en el instinto natural de la preservación y defensa de la vida entre los peligros. El ser humano ha desarrollado a través de los tiempos la actitud de auto defensa, inicialmente contra los animales salvajes, las fieras y después contra su enemigo más implacable, el hombre.

En el presente la agresión toma forma muy variada. El crimen no pasea por nuestras calles, pueblos y ciudades, el delito ha llegado hasta las iglesias y ya ronda en nuestros propios hogares. El mejor medio de defensa es una actitud firme de auto protegerse, adoptando medidas pasivas y defensivas para enfrentar la amenaza.

CARACTERISTICAS DEL PLAN

La protección debe ser eminentemente preventiva, esto quiere decir que el mejor trabajo de protección es aquel que no permite que se presente la emergencia, hacía allá es que deben estar orientados los planes.

También debe contemplar un alto nivel de entrenamiento que le dé una capacidad para enfrentar la emergencia y responder ante un posible atentado o ataque:

Seleccionar los medios disponibles y mecanismos necesarios.

Proyectar actividades concretas para alcanzar los resultados deseados, mediante coordinaciones y comunicaciones.

Fijar responsabilidades y misiones a todos los que toman parte del plan.

Determinar que se debe hacer, como se va a hacer, quien y quienes lo van a hacer, con que medios cuentan o requiere y en que lapso de tiempo se debe cumplir.

EL PLAN DE SEGURIDAD

Antecedentes

Relacionados con los hechos, indicios o amenazas que comprometan la seguridad de la persona a proteger.

Situación local

Subversión, delincuencia organizada, competencia desleal. De orden público o de inseguridad en el lugar o zona donde vive, trabaja o se desenvuelve la persona a proteger, el ambiente operacional del lugar.

Misión

Prever, neutralizar, impedir el ataque o atentado a la persona protegida y en caso de que no se presente eludir el cerco, sacar o movilizar a la persona a un lugar seguro, mediante la fuerza de seguridad del personaje, utilizando mecanismos de prevención y reacción.

Ejecución

Etapa Preventiva

Forma de llevar- rentas-vecindad-lugares pro visitar
Capacidad de reacción

Entrenamiento del equipo de seguridad (escolta) armas y tiro.
Valoración riesgos- secuestro-atentado-hostigamiento-nivel de riesgo de la persona.
Seguridad en los desplazamientos-residencia-oficina-hogares a visitar para neutralizar los posibles ataques.
Etapa de reacción o de respuesta
Conducción defensiva

Capacidad física de reacción de sus escoltas

Plan de escape rutas alternas

Utilización de las armas y medios de defensa a su alcance

Apoyo de las autoridades Coordinación

Refuerzo con la fuerza o grupo de reserva disponible.

Medios

Vehículos- automóviles-camionetas-motos.

Chalecos antibalas

Equipos de comunicación –radios-celulares

Barrera residencial o empresarial para instalar en la residencia u oficina de la persona a proteger.

Equipo especial.

Instrucciones o Coordinaciones

Utilizar claves en las comunicaciones-Uso de indicativos

Estado de alerta

Actitud preventiva en todo momento

Adecuado manejo de la información

Apoyo de la Central de radio de la empresa

Coordinación con las autoridades-organismos-entidades. Rutas alternas-mapas-planos de la ciudad

Revisión y alistamiento de vehículos

Tipo de sangre del personaje-clínicas y hospitales

Santuarios y refugios. Áreas de riesgo. Ropa-Vestuario. Armas disponibles

Vehículos de apoyo.

10

VIGILANCIA

SEGUIMIENTO

DEFINICION

La vigilancia secreta, es la que hacen las personas especializadas en forma de seguridad, dirigidas a la observación de personas, lugares u objetos varios.

SUJETO

Es la persona, lugar o domicilio que se encuentra bajo vigilancia.

COMPAÑERO

Es el cómplice del sujeto quien es el que avisa a este de la presencia de la autoridad, para que se dé la fuga.

El agente de vigilancia no busca el contacto directo con el sujeto sino que trata de mantenerlo controlado, con observación de todos los movimientos a distancia.

El agente secreto en cambio busca contacto directo con el sujeto.

OBJETIVOS DE LA VIGILANCIA

Proteger a las personas

Obtener pruebas de un delito

Prevenir la delincuencia

Localizar el sujeto (delincuente) vigilando sus

movimientos, escondites, guaridas, socios o cómplices.
Actividades del sujeto

Obtener las pruebas necesarias para conseguir una orden de allanamiento o registro de la propiedad de vigilancia.

Investigar las actividades, en un sitio sospechoso identificado a cada persona que entre o salga.

CLASES DE VIGILANCIA SECRETA

Vigilancia móvil (a pie o en vehículo)
Vigilancia estacionaria o Fija (desde uno de los puntos fijos)
Vigilancia combinada

CONDICIONES DEL AGENTE O VIGILANTE

Tener personalidad
No atraer la atención
Habilidad en este tipo de trabajo
Capacidad natural
Perseverancia
Confundirse con el medio ambiente en el que le corresponda desenvolverse
Paciente
Estatura normal que no llame la atención
Memoria
Imaginación – Iniciativa

Discreción
Audacia
Espíritu de aventura
Trabajar voluntariamente sin horario definido

PREPARATIVOS PARA UNA VIGILANCIA

Obtener una fotografía del sujeto y estatura

Detalles significativos o características

Inspección preliminar de la zona o sector por vigilar, tipo de transporte, posible vías de escape, sitios que ofrezcan observación oculta, edificios.

Sistema de comunicación a emplear. Radios Radio teléfono.

Cámara fotográfica –Binoculares.

Horario o plan de trabajo

Explicación razonable (Fachada) respecto a su presencia en la zona.

Clase de vestuario para cumplir con la misión-cambiar de apariencia.

Dinero para cualquier eventualidad

Preparar documentos falsos para uso de emergencia.

VIGILANCIA A PIE

De acuerdo al sujeto, a su cautela o al objetivo de la vigilancia, el número de hombres vigilando puede variar:

Evite perder de vista al "S", evite sospechas. Si el "S" toma un vehículo público, bus u otro medio, trate de tomar el mismo vehículo para no perderlo.

En la noche evite pararse en las esquinas con luces o puertas abiertas, ya que se refleja su sombra o silueta.

Si el "S" entra a algún lugar a llamar por teléfono, el vigilante debe entrar y fingir una llamada, para tratar de escuchar la llamada del sujeto.

Si "S" toma un ascensor y marca el número del piso, el vigilante seguirá a "S" cuando salga.

El vigilante debe estar atento para adelantarse a los movimientos de "S".

Evite acercársele demasiado a "S" regule sus movimientos al modo de caminar de "S" .

Si "S" entra a Telecom, el vigilante debe entrar tras él, simular estar redactando un mensaje y tratar de apoderarse del papel sobre el cual escribió el "S" el mensaje.

Los vigilantes no deben estar parados por mucho tiempo, sino simular que están haciendo alguna otra actividad diferente a vigilar u observar.

No se apresure demasiado a terminar el trabajo, este trabajo puede durar hasta meses.

Cambiar su apariencia de vez en cuan do mudándose su ropa, usar gafas, sombreros, cachuchas, fumar pipa. No mire jamás a "S" a los ojos es peligroso.

VIGILANCIA EN VEHÍCULO

- El vehículo no debe ser demasiado notorio de colores comunes.
- Utilizar equipo de radio para comunicarse

entre sí entre sí o con la base.

- Dos vigilantes por vehículo una conducta y el otro vigila, toma notas, opera el radio o bajarse del vehículo para continuar la vigilancia.
- Tener licencia de conducción y saber conducir
- Tener licencia de deducción y saber conducir.
- Emplear por lo menos dos vehículos para cada vigilancia, guardando cierta distancia (los dos vehículos en la misma cuadra).
- En zonas rurales es mejor dejara algunos carros intermedios o adelantársele y vigilar por el espejo retrovisor.
- Cambiar de vehículo constantemente para reducir las posibilidades de que sea identificado el vehículo del vigilante.
- Cambiar los vigilantes de carros, cambiar de puesto en el vehículo, cambiar la apariencia de los vigilantes con sombreros gafas, pelucas.
- Estaciones en forma normal, para evitar sospechas del sujeto.

CONTRA VIGILANCIA

Operativos para detectar o desanimar los refuerzos de inteligencia enemigos. Ejemplo: para verificar si lo están siguiendo.

Pasar los semáforos en amarillo o rojo, para ver si el otro vehículo o hacen lo mismo.

Andan un tramo en contravía, entrar en calles sin

salida, para verificar si el otro hace lo mismo.

Andar muy despacio a velocidad excesiva.

Detenerse en una calle repentinamente

Virar repentinamente en la misma calle y para ver si hace lo mismo.

Andar despacio y repentinamente acelerar para observar si el otro hace lo mismo.

Utilice el espejo retrovisor para controlar los movimientos del vehículo o vehículos que vienen atrás.

Una vez que la información se recopiles e organice, se procese, es decir, se analice, se compare, se evalúe, se convierta en INTELIGENCIA

Los escoltas no pueden actuar con seguridad sino tienen información sobre los posibles riesgos, amenazas y peligros de la persona(s) que tienen que proteger. No se puede actuar a ciegas, por eso es importante hacer inteligencia, es decir, buscar la información que necesitamos para no correr riesgos, ni poner en peligro al personaje.

11

INDICIOS DE AMENAZA

DEFINICION 

- Los indicios de amenaza son una especie de indicadores de riesgo o peligro que se deben tener en cuenta y adoptar medidas de prevención o seguridad, para evitar que se conviertan en realidad.

- Indicios de amenazas en Áreas vecinas a la residencia.

- Persona simulando una actividad normal: vendedores, funcionarios de la empresa de teléfonos, acueducto, mendigos, jardineros, carteros.

- Vehículo parqueaderos en la vecindad simulando esperar a alguien.

- Vehículo en movimiento lento, simulando buscar una dirección.

- Personas paradas o caminado con fines de observación.

- Personas simulando leer un periódico o revista pero, con fines de observación.

- Personas que se hacen pasar por familiares de la persona protegida tratando de obtener información sobre la familia, actividades o rutinas.

- Personas tratando de hacer amistado con el servicio doméstico.
- Personas que buscan obtener una amistad sin permiso aparente.
- Intento de una persona o más personas sin aproximarse al personaje con cualquier pretexto, cuando éste sale o llega a su casa.
- Persona en actitud agresiva tratando de acercarse al vehículo o residencia del personaje.
- Paquetes abandonados cerca o frente a la residencia de la persona protegida.
- Paquetes o artefactos colocados dentro del recipiente de la basura.
- Un vehículo parqueado al frente de la residencia simulando estar varado.
- Indicio de amenaza en los desplazamientos.
- Seguimiento, persistente de un mismo vehículo con el mismo conductor.
- Seguimiento persistente de un mismo vehículo con conductor diferente.
- Encuentros ocasionales y repetidos con el mismo vehículo o persona.
- Vehículos ubicados insistentes en paralelo durante el desplazamiento.
- Vehículos que al ser observados por usted aceleran la marcha intempestivamente o cambian de ruta.
- Provocación de un accidente en cualquier sentido para hacerlo detener.

- Indicios de amenaza en la oficina.
- Humo de amenaza en la oficina.
- Humo, olores extraños, gases provenientes de los baños.
- Paquetes sospechosos en el parqueadero o cerca de la oficina.
- Personas que interceptan al personaje en las escaleras, ascensores o pasillos con la intención aparente de saludarlo.
- Personas simulando su autoridad para llegar a la oficina de la persona protegida.
- Persona autorizada para visitar una dependencia u oficina y resulta en otra.

SENSIBILIZACION HACIA LA SEGURIDAD

Despertar conciencia de Seguridad y unos hábitos y actitudes de prevención, que deben poner en práctica para protegerse y no dejarse sorprender, motivación a su profesión.

La seguridad es un estado, mental y psicológico, que se manifiesta en el individuo mediante la confianza, la tranquilidad y la paz.

El estado contrario es la inseguridad, que se manifiesta en el individuo por la desconfianza, la preocupación, miedo, pánico. La seguridad siempre debe estar en nuestra mente y formar parte de nuestra vida y de nuestras costumbres.

SEGURIDAD SIGNIFICA

- No dejarse sorprender
- Estar alerta, estar atentos
- Estar preparado para evitar que algo malo suceda
- Estar entrenados para lo que pueda suceder
- Reaccionar a tiempo, tener la respuesta eficaz
- Estar en situación física y mentalmente en el puesto de trabajo.
- Mensaje de un pensador
- Vinieron por los campesinos
- Luego vinieron por los campesinos
- Luego vinieron por mi vecino
- Luego vinieron por mí, pero ya es demasiado tarde análisis-enseñanzas
- Características – Virtudes -- Cualidades especiales de la profesión.
- Actitud mental positiva
- Más son los deseos, la fuerza interior que lo lleva a actuar a fijarse retos y alcanzar metas y objetivos en la vida.
- Ser optimista en lugar de ser derrotista
- Actuar en lugar de aplazar
- Perseveraren lugar de renunciar
- Reaccionar con fe y esperanza en lugar de darse por vencido.
- Memoria
- Recordar datos de interés; nombres

direcciones, teléfonos, detalles.
- Capacidad de comprensión
- Sentido común
- Juicio Lógico
- Toma de decisiones
- Iniciativa
- Hacer mejor el trabajo como se le ordena
- Innovar
- Sugerir
- No esperar recordatorios
- Creatividad
- Estabilidad emocional
- No perder el control
- Cortesía
- Amabilidad
- Buenas maneras
- Buen comportamiento
- Respeto hacia los demás
- Evitar Ostentación
- Descuido no mantenerse alerta
- Imprevisión no prever las cosas
- La sorpresa no estar alerta para dar una respuesta rápida.
- La confianza Ojo con las llamadas de auxilio
- La provocación caer en la trampa
- La indisciplina salirse de las normas y reglamentos
- La negligencia no hacer lo que tienen que hacer

- La curiosidad mata
- La ingenuidad suministrar información a extraños
- La rutina facilitar el accionar de los posibles agresores.
- Ponga en práctica
- Sea consciente del papel que desempeña.
- Utilice su mente y sus experiencias
- Su honestidad y veracidad no encubre nada
- Mantenga siempre una actitud preventiva
- El plan de seguridad y las normas allí contenidas.

ACTITUDES DEL BUEN ESCOLTA
HABILIDADES DEL BUEN ESCOLTA

MOTIVOS O RAZONES VALIDAS PARA DISPARAR UN ARMA

Causas Justificables – Fuerza Justificable – Temor Justificable

CONDICIONES PARA EL USO DE ARMAS

Asaltante se encuentra armado
Condiciones de grave daño
Asaltante cometiendo delito

AUTOR

RAFAEL DARIO SOSA GONZALEZ

Oficial de la reserva activa del Ejercito Nacional. De COLOMBIA.

Después de su retiro ha desempeñado los siguientes cargos: director de Seguridad en Servicios (INDUSTRIAS ARETAMA Ltda.). Jefe de Seguridad (COLTANQUES Ltda.). Director Operaciones (MEGASEGURIDAD LA PROVEEDORA Ltda.) Gerente (Propietario) ESCUELA NACIONAL DE VIGILANTES Y ESCOLTAS (ESNAVI LTDA.), Coordinador Proyecto Seguridad Aeronáutica (COSERVICREA Ltda.), Coordinador de Seguridad Proyecto Aeronáutica (COLVISEG Ltda.).

En el área de la docencia: se ha desempeñado como Docente en el Instituto de seguridad Latinoamericana (INSELA Ltda.) Docente de la Escuela Colombiana de Seguridad (ECOSEP Ltda.) Como Consultor Seguridad, Asesoró en Seguridad en Empresas como: ADRIH LTDA, POLLO FIESTA Ltda., SEGURIDAD ATLAS Y TRANSPORTE DE VALORES ATLAS Ltda., SEGURIDAD SOVIP Ltda.

Entre los estudios realizados: Diplomado en Administración de La Seguridad (UNIVERSIDAD MILITAR NVA GRANADA), Diplomado en Seguridad Empresarial (UNIVERSIDAD SAN MARTIN-ACORE):Diplomado Sociología para la Paz, Derechos Humanos, negociación y Resolución de Conflictos (CIDE-CRUZ ROJA COLOMBIANA-ACORE) Diplomado en Gestión de la Seguridad

(FESC-ESNAVI Ltda.) ,Programa maestro en Seguridad y Salud Ocupacional(CONSEJO COLOMBIANO DE SEGURIDAD), Liderazgo Estratégico en Dirección , Gerencia Estratégica en Servicio al Cliente(SENA) , Curso Seguridad Empresarial (ESCUELA DE INTELIGENCIA Y CONTRAINTELIGENCIA BG. CHARRY SOLANO), curso de Seguridad Electrónica básico (A1A), Curso Analista de Poligrafía (Pfisiólogo Poligrafista) Poligrafía Basic Voice Store Análisis (DIOGENES COMPANY), entre otros.

Adicionalmente se encuentra desarrollando Programa de entrenamiento para COACHES en INTERNACIONAL COACHING GROUP (ICG) Y DIPLOMADO PARA COACHING CRISTIANO (METODO CC).

Propietario de la Empresa Security Works www.sewogroup.com. Empresa al servicio de la seguridad y vigilancia privada en Latinoamérica. Actualmente se desempeña como director general SECURITY WORK S.A.S.

AUTOR: 20 Libros Colección de Seguridad entre otros Vigilancia Básico, Avanzada. Escolta Básico, Manual de Manejo Defensivo, Manual de Medios Tecnológicos, Manual Prevención Secuestro, Manual del Supervisor. Impresos con la Casa Editorial Security Works de Venta en todos los Países de Habla Hispana.

Visite: www.sewogroup.com
Representantes y Distribuidores
http:/amazon.com

Colección Seguridad Privada
Securityworks
Protección Integral

www.ingramcontent.com/pod-product-compliance
Lightning Source LLC
Chambersburg PA
CBHW051650250726
48653CB00007B/2580